香港國際詩歌之夜 *2015*
INTERNATIONAL POETRY NIGHTS IN HONG KONG

編輯 Editors

北島 Bei Dao

陳嘉恩 Shelby K. Y. Chan

方梓勳 Gilbert C. F. Fong

柯夏智 Lucas Klein

馬德松 Christopher Mattison

宋子江 Chris Song

目錄 Contents

詹瑪·歌爾伽
Gemma Gorga

Pedres

Si la veu pogués sortir a les fotografies
com hi surt l'ombra o la tendresa—tot i ser
realitats més vulnerables—, sentiria
un cop més el meu pare explicant-me que, abans
de collir una pedra, cal fer-la rodolar
amb el peu o amb una branca per espantar
els escorpins que s'hi amaguen com punxes seques.
Mai no vaig preocupar-me'n. Perquè tenir sis
anys era senzill, senzill com morir-se. En tots
dos casos, no hi havia més secret que l'aire:
respirar-lo o no respirar-lo, com si l'ànima
fos plena de diminuts alvèols que s'obren
i es tanquen. El primer escorpí que vaig veure
va ser al llibre de ciències naturals,
atrapat per sempre entre les pinces severes
del temps. De vegades, però, els llibres no expliquen
tota la veritat, com si no la sabessin
o l'haguessin oblidat camí de la impremta.
Aràcnid que té el cos dividit en abdomen
i cefalotòrax. Res no hi deia del sol

ardent a la llengua, de la por, de l'espiga
travessada al coll. Jo no sabia llavors
que les paraules són immensos icebergs
que oculten sota les aigües glaçades molt
més del que mostren. Com la paraula *escorpí*.
I ara, mentre el telèfon sona insistentment
—un crit agut de matinada—, mentre em llevo,
encenc el llum, acosto la mà al seu cos blanc
de plàstic que brilla com una pedra al sol,
mentre el despenjo, i dic *sí?*, i algú em diu que ets mort,
jo només penso en els escorpins, en allò
que volies dir-me quan repeties *fes
rodar les pedres, sisplau, fes rodar les pedres*.

石

如果聲音能夠在照片上出現
像陰影或觸痛般出現——儘管
它們是更脆弱的現實——我再聽到
我父親告訴我，撿
一塊石頭前，必須讓它挑開，
使用腳或樹枝讓它挑開
趕走藏在石底如乾荊棘般的蠍子。
我從沒擔心過。六歲時
生和死一樣容易。這兩件事，
除了空氣甚麼秘密都沒有：
呼吸或不呼吸，彷彿靈魂
充滿微小的肺泡，它們在開放
和閉合。我第一次見到蠍子
就是在自然科學課本裏，
牠被時間的重鑷永遠地
抓住。雖然，有時候，書真話不
全說，就像它們不知道
或者在去印廠路上，它們把真話忘了。
「蠍子的身體分為腹部
和頭胸部。」關於舌頭上火辣辣

的太陽，害怕，尖鋒扎進脖子
課本都沒有提到。當時我不知道
說是巨大的冰山
隱藏在冰冷水域下的
總比表現出來的更多。像「蠍子」字似的。
而現在，當我手機執拗地響起
（一陣尖銳的叫聲），我起床，
開燈，伸手取白色塑料蓋手機
它就像在陽光下閃耀的石頭
我接電話說「喂？」就聽到有人說你死了，
我只想起蠍子，我多想
你對我說這句話：
「把石頭挑開，當心，把石頭挑開。」

(Jesús Sayols　譯)

Stones

If the voice could come out in photographs
in the way shadow or tenderness does—even while
being more vulnerable realities—I would hear
once again my father telling me that, before
picking up a stone, you should roll it over
with your foot or a branch to scare away
the scorpions hiding underneath like dry thorns.
I never worried about that. Being six years old
was simple, simple as dying. In both cases,
there was no secret other than the air:
breathing it or not breathing it, as if the soul
were full of tiny alveoli that open
and close. The first scorpion I saw
was in the natural science book,
trapped forever in the severe pincers
of time. On occasion, though, books don't tell
the whole truth, as if they didn't know it
or had forgotten it on the way from the printer's.
*Arachnid with body divided into abdomen
and cephalothorax.* It said nothing of the burning

sun in the tongue, of fear, of the spike
pierced into the neck. I didn't know then
that words are immense icebergs
hiding beneath their icy waters much
more than they show. Like the word *scorpion*.
And now, as the phone insistently rings
—a sharp daybreak cry—as I get up,
turn on the light, move my hand to its white body
of plastic that shines like a stone in the sun,
as I pick it up and say *yes?* and someone tells me
   you're dead,
I only think of scorpions, of what
you wanted to tell me when you repeated *roll*
the stones over, please, roll the stones over.

(Translated by Julie Wark)

Semàntica i nutrició

Cau la fulla a terra i es descompon
en significats menors—humitat,
pigment, làmina, oxigen, escalfor,
llum—, com qui lletreja el seu nom sencer
a un desconegut: *an hí drid car bò nic*.
Res no es perd pel camí, ni les converses
que ha mantingut amb la pluja de nit,
ni les lliçons de vol que li han donat
els ocells: tota ella es descompon
en unitats menors directament
assimilables per la paciència
de les formigues, les boques callades
del bosc. És per això que l'idioma
del vent arriba a parlar-se també
sota terra. I és per això que els cucs
s'emproven ales i surten volant
convertits en papallones. Tot és
matèria. Tot es transforma en vol
quan una simple fulla cau a terra.

語義和營養

葉子落在地上，就分解成
微笑的含義——濕，
顏，片，氧，熱，
光——，像對一個陌生人拼出
它全名：二、氧、化、碳。
路上沒丟失甚麼，包括它
和夜雨的談話，
鳥的飛
行課：全分解成
小小的細項，通過
螞蟻的耐心
直接同化，就像沉默的嘴
在森林裏。這就是為甚麼
風的語言來去
能在地下言說。這就是為甚麼
蚯蚓試試翅，就飛起來
好像蝴蝶一樣。一切都是
物質。一切都飛起來
當一片葉子落在地上。

(Jesús Sayols 譯)

Semantics and Nutrition

A leaf falls to the ground and decomposes
into smaller meanings—humidity,
pigment, lamina, oxygen, warmth,
light—, like someone spelling his full name
to a stranger: *car bon di o xi de.*
Nothing is lost on the way, neither
the talks with the rain at night,
nor the flight lessons given
by birds: it decomposes in its entirety
into smaller units directly assimilable
through the patience of ants, the silent mouths
of the forest. This is why the language
of the wind comes also to be spoken
underground. And this is why worms
try on wings and fly away
transformed into butterflies. Everything is
matter. Everything takes flight
when a single leaf falls to the ground.

(Translated by Anna Crowe)

La casa

Els ossos són llargs passadissos blancs on sempre
fa fred, com si la mort s'hagués deixat la porta
oberta. Potser el cor és el lloc on primer
germina l'espora del dolor, humida i roja,
però és als ossos on aquest dolor perdura,
insistent, com un grapadet de pols sorrenca.
L'aire es cargola, es descargola, empeny, escampa
fotografies damunt aquestes tovalles
on tan difícil és acabar-se el sopar
ara que no hi ets, ara que el menjador s'omple
amb les papallones absurdes del record.
Intento fixar-los les ales amb agulles
ben fines, però sense voler em punxo els dits
i els llavis. I ja no puc dir, ja no puc fer
res més que passar-les d'una mà a una altra mà :
fotografies com petites calaveres
entre el ser del passat i el no ser del present.

房子

骨頭是長白色的冷凍
走廊，彷彿死亡把大門
敞開。雖然心臟是
憂傷的濕紅孢子最先發芽的地方
但這種痛卻深扎在骨頭裏
堅持疼，彷彿一小撮沙塵。
空氣打著旋，旋下去，推動，亂放
照片在桌布上，
現在晚飯吃不下，
因為你不在，現在記憶化作荒謬的蝴蝶
飛滿全家。
我用精緻細膩的針縫補牠們的翅膀，
但是我無意間刺傷了手指
和嘴唇。我甚麼都不能說，不能做，
只能把牠們從一隻手傳到另一隻手：
小顱骨似的照片被夾在其間
過去的存在與此刻的不在。

(Jesús Sayols　譯)

The House

Bones are long white corridors where it is always
cold, as if death had left the door
open. Maybe the heart is the place where
the spore of sorrow, moist and red, first germinates,
but it is inside the bones where this pain stays,
persistent, like a little handful of sandy dust.
Air curls up, uncurls, pushes, scatters
photographs over this tablecloth
where it is so difficult to eat up the dinner
now that you are gone, now that the room fills up
with the absurd butterflies of memory.
I try to fix their wings with fine, delicate
needles but, unintentionally, I prick my fingers
and lips. And I cannot say, I cannot do
anything except pass them from hand to hand:
photographs like little skulls between
the being of the past and the non being of the present.

(Translated by Julie Wark)

Baptisme

Cada vespre torno a llegir totes les cartes
que mai no m'has escrit i que guardo en calaixos
transparents perquè els lladres no puguin trobar-les
—¿com veure l'aire en l'aire, la llum en la llum? —.
Existeixen molts passats dins el passat, moltes
memòries que es ramifiquen com petits
capil·lars del temps. També és record tot allò
que no vam arribar a viure, a veure, a dir-nos,
tot allò que se'ns va quedar adherit lleument
al cor, com una pestanya a punt de volar.
Mortes abans de néixer, no per això deixen
de ser ànimes les ànimes. Ni les paraules,
paraules. Només els va faltar l'aigua freda
del baptisme i algú que sabés creure en elles.

洗禮

每天晚上我重看
你沒有給我寫的信，把它們保存在透明盒子裏，
盜賊也找不到它們
如何見空氣在空氣中，光在光中？——
過去有很多過去，很多分歧
記憶就像時間的
毛細血管。此外，記憶還是
我們沒有活過的，沒有看過的，沒有說過的，
一直輕輕地留在我們
心裏，像一片快飛起來的睫毛。
雖然靈魂出生之前就已經死了，靈魂
還是靈魂。話還
是話。它們需要的只是洗禮的
冷水和深明信仰的人。

(*Jesús Sayols*　譯)

Baptism

Each evening I read again all the letters
you've never written me and that I keep in transparent
boxes so thieves won't be able to find them
—for how will they see air in air, light in light?
There are many pasts existing in the past, many
memories that ramify like small
capillaries of time. Also memory is everything
we never managed to live, to see, to tell ourselves,
everything that remained lightly adhering
in our hearts, like an eyelash about to fly.
Dead before their birth but, all the same, souls
do no stop being souls. Or words,
words. All they needed was the cold water
of baptism and someone who knows how to believe
    in them.

(Translated by Julie Wark)

Petit conte

L'abella se m'acostà als llavis per dictar-me
l'inici d'un poema trobat a l'atzar
entre les síl·labes dolces del taronger.
Hauria estat senzill tancar els ulls i assentir
si no fos perquè ningú no em va ensenyar mai
a acceptar un miracle. Sé perfectament
com s'han de posar les mans per rebre una poma
enverinada, sé com s'ha d'inclinar el coll
per sentir la lenta mossegada vermella
de la nit, com s'acumula la crueltat
al fons de tots els miralls. Quines són les mans,
però, amb què es pren una ofrena? Com cal obrir-les
per acceptar el do inesperat? L'endemà
sempre és massa tard: l'abella no hi és, no queden
flors en cap taronger, i les síl·labes no troben
l'ordre adequat per indicar el final feliç.

小故事

蜜蜂飛近我嘴唇，口述
一首詩的第一行
在橙樹的甜美音節中被偶然找到。
我好容易閉上了眼睛，同意了
但是沒有人教給我
怎樣接受一個奇蹟。我深知
怎樣用手接受一個
毒蘋果，怎樣彎曲脖子
去感覺黑夜慢慢地
深紅地咬下去，也知道殘忍怎麼堆積
在每一塊鏡子的底面。不過，該用哪一隻手
接受祭品？如何打開手
接受意外的禮物？後天
總是太晚：蜜蜂不在，橙樹花
不見，音節尋不著
適當的秩序來揭開幸福的結局。

(Jesús Sayols　譯)

24

Little Story

The bee came close to my lips to dictate to me
the beginning of a poem found by chance
among the sweet syllables of the orange tree.
It would have been simple to shut my eyes and agree
if it weren't that nobody ever showed me
how to accept a miracle. I know perfectly well
how to place my hands to receive a poisoned
apple, I know how to bend my neck
to feel the slow crimson bite
night makes, how cruelty accumulates
in the depths of every mirror. With what hands,
however, should a gift be taken? How to open the hands
to accept the unexpected gift? The following day
it is always too late: the bee has vanished, no flowers
remain on any orange tree, and the syllables can't find
the proper order to show what the happy ending might be.

(Translated by Anna Crowe)

Parc d'atraccions

Sé prou bé on he d'anar aquesta tarda si vull
trobar-me amb la tristesa. És sorprenent la seva
disponibilitat—l'agenda plena d'hores
lliures—quan es tracta de mi. Quedem en veure'ns
a dalt de tot. S'enlaira la sínia, lenta
i silenciosa com un immens rellotge
còsmic que el vent accionés de tant en tant.
Lluny, submergida en les aigües de la nit, brilla
la ciutat amb les seves escates daurades,
milers de boques mudes que s'obren i es tanquen
mentre neden pels corrents glaçats de la vida.
Quant de temps fa que giravolto en aquesta sínia,
ara tan a prop del món, ara tan distant?
Com un astronauta perdut en l'espai, busco
un cable que em lligui a la respiració
dels altres, oxigen calent per als pulmons
que pregunten. Em miro la mà dreta, em miro
la mà esquerra, i trigo anys a cobrir la distància.

遊樂場

今天下午我太知道該去哪裏
尋找悲傷了。它的空曠
令人驚訝──閒暇時間
很長──我們約在
摩天輪頂上見面。摩天輪慢慢靜靜地上升，
像宇宙的大鐘
風力使它運行。
遠處，城市被黑夜的水域吞沒，
它的金色鱗片仍在閃耀，
千萬嘴巴開放閉合
它們在生活寒流中游泳。
我在摩天輪上轉了多長時間，
和世界的距離遠近交替？
我和一個迷失太空的宇航員一樣，尋著一條
臍帶把我連到他人的
呼吸，溫暖的氧氣供給懇求的
肺臟，看看右手，又看看
左手，它們之間的距離，我花了好幾年來覆蓋。

(*Jesús Sayols*   譯)

Amusement Park

I know only too well where I have to go this evening if I want
to meet up with sadness. Its availability is surprising—
its diary full of empty spaces—when I am
the one concerned. We agree to meet
above everything. The wheel rises, slow
and silent like a huge cosmic clock
that the wind operates from time to time.
Far-off, submerged in the waters of night, the city
shines with its golden scales,
thousands of dumb mouths opening and closing
while they swim through life's icy currents.
How long have I been going round on this wheel,
now so close to the world, now so far away?
Like an astronaut lost in space, I search for a cable
that may connect me to the breathing
of others, warm oxygen for the beseeching lungs.
I look at my right hand, I look
at my left hand, and it takes me years to cover the distance.

(Translated by Anna Crowe)

El cel sobre Berlín

No em preguntis el com ni el per què. De vegades
hi hà coloms que equivoquen el camí, travessen
una finestra, una cortina, un mirall mig
obert, i res no pot evitar que s'escampin
pels cels transparents de l'ànima, com s'escampen
els colors de l'aquarel·la sota la gota
fortuïta d'aigua. No em preguntis el com
ni el per què d'aquests errors, ni tan sols si són
errors. ¿Com podríem saber de qui és la mà
que obre els miralls, de qui la mà que precipita
l'aigua? De vegades, la vida s'equivoca
de peça, mou blanca per negra, i aleshores
apareix una àliga sota l'abric, una
paraula en llavis d'una abella, un àngel trist
assegut en una bugaderia. Diuen
que és una cosa que ens passa a tots, no només
als qui tenen ales. Reconforta saber-ho.
Reconforta saber que l'error forma part
de nosaltres, que ens sosté com l'aire o la sang,
que els millors encontres són en realitat

pèrdues o confusions, atzars que passen
a mil metres d'altitud sobre les ciutats
oblidades, allà on les paraules s'eleven
com glòbuls efervescents, i desapareixen.

柏林的天空

別問我如何或為何。有時候，
有些鴿子迷了路，通過
一個窗口，一塊窗簾，一面半開的鏡子
無法阻止牠們飄在
靈魂的透明天空上，
就像水彩顏色漂在
偶發的水滴下。別問我
這種錯誤如何並為何出現。也別問我
算不算錯誤。我們怎麼知道把鏡子
打開，把水滴溢出，
那是誰的手？有時，生活走錯一步
把白黑混淆，突然
一隻鷹從外套中飛出，一句
話在蜜蜂的嘴邊說出，一個悲傷的天使
待在洗衣房裏休息。聽說
這件事很普遍，並非
只有翅膀的生物才能體驗到。真是令人欣慰。
因為錯誤是生活的
一部分，因為錯誤像氣血供養，
因為最好的遭遇其實是

迷失或迷惑，機會在於
離遺忘的城市高過千米的
高空上，詞語在那裏
像氣泡一般冒起，又消失。

(Jesús Sayols　譯)

The Sky Above Berlin

Don't ask me about the whys or wherefores. Sometimes
there are pigeons that lose their way, pass through
a window, a curtain, a half-open
mirror, and nothing can prevent them spreading
through the soul's transparent skies, just as water-
colour tints spread through a drop of water fallen
by chance. Don't ask me about the whys
or wherefores of these mistakes, or even if they are
mistakes. How can we know whose hand it is
that opens mirrors, or whose hand spills
the water? Sometimes, life moves the wrong
piece, moves white instead of black, and then
there appears an eagle beneath the coat, a word
on the lips of a bee, a sad angel
sitting in a laundry. It is said
that this is something that happens to everyone, not just
to those who have wings. It's comforting to know that.
It's comforting to know that the mistake is a part
of us, that it sustains us like air or blood,
that the best encounters are actually

losses or muddles, chances that happen
three thousand feet up above forgotten
cities, there where words rise
like effervescent bubbles, and vanish.

(Translated by Anna Crowe)

Llarg recorregut

Per les vies van els trens i els poemes.
Van de dia i van de nit. Finestretes
perquè respiri la llum—cada tres
segons, tres segons—. La velocitat
es cargola a les oïdes com una
llarga cua de sirena. Empassar-se
una paraula per tornar a sentir-hi.
A les andanes algú mou la mà,
algú, qui. Trens plens de mercaderies,
trens de passatgers, trens de bestiar,
trens de lliteres, trens de deportats.
Inesperadament, el túnel tanca
els ulls. Trontollen les ombres, feixugues
com maletes massa plenes d'arrels.
I descarrila aquest poema absurd
que parlava—em sembla—de la distància.

長途

火車和詩歌沿鐵軌行進。
白天和夜晚。小窗
為明亮呼吸——每三
秒，三秒——。速度
渦旋到耳朵裏
像美人魚的尾巴。吞下
一句話，細聽多一次。
平台上有人揮手
某人，何人。貨運火車，
乘客火車，動物火車
臥鋪火車，驅逐火車。
突然隧道閉上
眼睛。陰影動搖，重如
行李，塞滿太多的根。
結果這首荒唐的詩出了軌，
而我以為是在談論距離。

(*Jesús Sayols* 譯)

Long Journey

Along the tracks run the trains and the poems.
They run by day and they run by night. Little windows
so the light can breathe—every three
seconds, three seconds. The speed
curls into your ears like the long tail
of a mermaid. Swallowing
a word so as to hear it there once more.
On the platforms someone waves,
someone, who. Goods trains stuffed to the gunwales,
passenger trains, trains pulling cattle-trucks,
trains full of stretchers, trains of deportees.
Without warning, the tunnel closes
its eyes. Shadows stagger, heavy
as suitcases too full of roots.
And this absurd poem derails,
speaking—I think—about distance.

(Translated by Anna Crowe)

Una dona

Una dona planxa aprofitant l'última
llum que entra per la finestra. Convoca
les peces damunt la post, mulla els dits
molt lleument en aigua freda, les ruixa,
les marca amb el vapor triangular,
les pestanyes se li omplen de boira.
A fora, la ciutat també s'aplana
sota el crepuscle, com si els edificis
es desfessin en rius de metall fos.
De nit, a les fosques, segueix planxant,
planxa les flors, les rajoles de casa,
les parpelles que no saben tancar-se,
aquesta por nostra de cada dia.
A trenc d'alba, quan encara dormim,
ens treu l'ànima i l'allisa, del dret
i del revés, fins a esborrar-ne tot
plec insidiós, l'estigma del dubte.
I així, en llevar-nos, el matí llueix
fresc com gespa acabada de tallar,
i les finestres no tenen lleganyes,

i l'esmorzar ens acull en el seu cercle
íntim i dolç com nata. Són les vuit.
Ens deixem transportar fins a la feina.
Amb la casa buida, ella entra i recull
dels peus del llit la muntanya de roba
bruta, el rebrec de les nostres ruïnes.
Rere el vapor dels segles, una dona
planxa aprofitant l'última claror.

一位婦女

一位婦女在熨燙，使用
透過窗口的最後一縷亮光。她
把衣服放在熨板上，把手指
輕輕地伸進水裏，潑點兒水再
用三種蒸汽模式熨好衣服，
睫毛充滿蒸汽。
外面，城市也變平了
在暮色中，樓房彷彿化成
條條熔融金屬的河流
在夜晚，在黑暗中，她繼續熨燙，
她熨花、房子的瓷磚、
不會眨的眼睛，
這種普通的害怕。
當晨空微明，我們還在睡覺
她把我們的靈魂熨平，熨好一面
再熨另一面，直到熨平了靈魂上所有
陰險的皺褶，值得懷疑的恥辱。
結果，起床時，早晨亮得像
剛剪過的草坪，
窗台一塵不染，

早餐歡迎我們進入圈子中
就像親密而甜愛的奶油。都八點鐘了。
讓自己被送上班。
當家裏沒人,她進去拿
床腳一堆髒衣服,
我們毀掉的褶邊。
幾個世紀的蒸汽後面,一位婦女
在熨燙,用最後一縷亮光。

(*Jesús Sayols* 譯)

A Woman

A woman is ironing, making the most
of the last of the light from the window. She gathers
the garments on the ironing-board, dips her fingers
lightly in cold water, sprinkles the clothes,
pressing them with the triangle of steam,
and her eyelashes fill with vapour.
Outside, the city too smooths itself out
in the dusk, as though the buildings
might be coming apart in rivers of molten metal.
In the night, in the darkness, she goes on ironing,
she irons the flowers, the tiles in the house,
the eyelids that don't know how to close,
this daily fear of ours.
At daybreak, while we're still asleep,
she pulls out our soul and smooths it, on the right
side and the wrong side, until she has erased from it
every insidious crease, the stigma of doubt.
And so, when we get up, the morning shines
as fresh as a lawn that has just been cut,
and the windows are free from smears,

and breakfast welcomes us into its circle
as intimate and sweet as cream. It's eight o'clock.
We let ourselves be carried to work.
With the house empty, she comes in and picks up
from the foot of the bed the pile of dirty clothes,
the crumpledness of our ruins.
Behind the steam of centuries, a woman
is ironing, making the most of the last of the light.

(Translated by Anna Crowe)

Poemes del *Llibre dels minuts*

4

¿Pots dibuixar un gat sense aixecar el llapis del paper
—l'orella, la corba tèbia del llom, la blanor del ventre,
el nas, novament l'orella—? ¿Pots cartografiar les
constel·lacions de l'hemisferi nord sense aixecar
el dit del cel, anar d'Andròmeda a Cassiopea, de
Cassiopea a l'Óssa Major, i tornar a Andròmeda sense
que es trenqui el fil? Al capdavall, així és la vida,
un passatemps, un passar el temps que requereix la
màxima habilitat per fer-la sencera d'un sol traç. Per
molt que la mà se t'entumeixi de fred i desemparança,
recorda't de no aixecar el llapis.

7

Quan era petita, li agradava tapar el vidre de la
llanterna amb la mà i mirar a contraclaror el perfil
borrós dels dits, d'un vermell aigualit, els ossets
quiescents com crisàlides, la seda blanca de la pell.
Constantment aquell desig que la llum li travessés la
carn i li arribés ben endins del cor, com si tota ella fos

un fanalet xinès de paper fi. Amb els anys va entendre, però, que al centre de la rosa sempre és de nit.

13

Pesaven el cos uns minuts abans de morir. Pesaven el mateix cos uns minuts després de morir. Una simple sostracció matemàtica els havia d'indicar el pes de l'ànima. Hi penso, ara, mentre sostinc el llibre nou entre les mans, les paraules encara untoses com les plomes d'un ocell nascut de poc. I em pregunto si, un cop llegit, també pesarà menys. Com un cos quan perd l'ànima.

24

Despulles l'aigua amb les mans, i apareix la set. Despulles la set amb la boca, i apareix la interrogació. Proves de seguir, proves de descordar la realitat botó a botó, de treure-li tota la roba fins a fregar la delícia lenta de la pell definitiva. Qui ha interposat tants vels en aquesta dansa? Facis el que facis, les mans ensopegaran amb roba, massa roba, tanta roba que et serà impossible saber què és cada cosa més enllà de la definició cansada del diccionari.

39

La inèrcia és una estranya propietat de la matèria. Quan marxes, per exemple, l'aire conserva l'escalfor del teu cos durant una estona, així com la sorra guarda tota la nit la tebior trista del sol. Quan marxes, per continuar amb el mateix exemple, les meves mans persisteixen en la carícia, malgrat que ja no hi ha pell per acariciar, només la carcanada del record descomponent-se al buit de l'escala. Quan marxes, deixes enrere un *tu* invisible adherit a les coses més petites: potser un cabell a la coixinera, una mirada que s'ha entortolligat amb els tirants del desig, una crosteta de saliva a les comissures del sofà, una molècula de tendresa al plat de la dutxa. No és difícil trobar-te: l'amor em fa de lupa.

47

Amb les pinces metàl·liques de la intel·ligència, intentàrem llevar el color de la matèria, com qui lleva la membrana gelatinosa que recobreix els òrgans. Provàrem després d'extreure l'escalfor de cada granet de sorra—la paciència de l'un a un—, fins a obtenir un univers domèstic. Aïllar el pronom del verb, fins a deixar només l'os dur de l'infinitiu. Aïllar la bombolla del sabó, fins a deixar només la bellesa de l'esfera que s'envola. Aïllar el dolor del dolor, fins a deixar només el dolor.

58

La felicitat s'assembla a un monosíl·lab. Per la seva senzillesa estructural. També, per la brevetat amb què ens visita la boca.

選自《分鐘書》

4

你能不能不要拾起紙上的筆,也能繪畫一隻貓:耳朵,背部的暖調曲線,腹部的柔軟,鼻子還是耳朵?你能不能不要用手指從天上拿起來,也能給北半球的星座製圖?從仙女座到仙后座,從仙后座到大熊座,連接起來,再回到仙女座?生活本來就是如此,一種消遣,需要高超的技巧才能只用一個行程來享受。儘管你的手由冷漠和放棄變成麻木,你必須記住不要拾起紙上的筆。

7

她小時候喜歡把手放在燈上,看自己的手指的輪廓,在模糊的光亮中,它們是水紅色的,小掌骨像蠶蛹一樣的靜止不動,皮膚就像白色絲綢。她一直希望光亮穿過她的身體,深入她心裏,好像她是一盞精緻的紙燈籠。隨著時間流逝,她才明白,玫瑰中總是黑夜。

13

死前幾分鐘稱體重，死後幾分鐘再稱體重。
簡單的減法顯示靈魂的重量。我想起了它，手握
著新書，字句膠著，就像一隻剛出生的雛鳥。我
在想，死後身體會喪失靈魂，書讀完後會減輕多
少重量。

24

你用手來剝水，就出現口渴。你用嘴來剝口渴，
就出現問題。你努力繼續，一扣一扣地脫開現實
的鈕扣，把現實的衣服都脫了，就能觸摸肉體實
在而緩慢的喜悅。誰在舞蹈中放了那麼多面紗？
無論如何，你的手觸摸服裝，太多衣服，這麼多
的衣服，除了字典裏陳舊的解釋之外，你無法發
現事物的意義。

39

慣性是一種性質，它的屬性很奇怪。譬如，你要
走出去，空氣才能在一段時間內，保持你的體
溫，猶如沙子能整夜完全保存太陽悲哀的熱烈。
當你走出去，還用這個例子來講，我的手繼續撫
摸，雖然沒有皮膚再被撫摸，只有記憶的胴體在
樓梯井裏腐爛。當你走出去，你留著一個無形的
「你」，與最小的東西在一起：例如，枕套上有
一小根毛，你的凝視與希望的棟梁交織在一起，
沙發角上有一小層口水，浴盤裏有一個柔情的分
子。要找到你並不困難：愛情是我的放大鏡。

47

我們用智慧的金屬鑷子，嘗試釋出物質的顏色，
像我們釋出器官覆蓋的膠質膜。我們又嘗試釋出
每一粒沙子的熱量，一粒又一粒的耐心，直到我
們完成一種家常的宇宙。從動詞把代詞分離，直
到不定式的硬骨孤立。從香皂把氣泡分離出來，
直到飄起氣球的美麗孤立。從痛苦把痛苦分離出
來，直到痛苦孤立。

58

幸福像一個單音節詞。因為它結構簡單。也因為它掠過嘴邊的匆匆。

(*Jesús Sayols* 譯)

Selections from the *Book of Minutes*

4

Can you draw a cat without lifting the pencil from
the paper? —the ear, the warm curve of the flank,
the softness of the belly, the nose, the ear again—?
Can you map the constellations of the northern
hemisphere without lifting your finger from the sky,
go from Andromeda to Cassiopeia, from Cassiopeia
to the Great Bear, and back to Andromeda without
breaking the thread? In the end, that's life, a pastime, a
passing of time that requires the greatest skill in order
to do it in one stroke. However numb your hand may
grow with cold and weakness, remember not to lift the
pencil.

7

When she was small she liked to cover the glass on
the lamp with her hand and stare at the vague outline
of her fingers, backlit, of a watery red, the little bones
lying still as chrysalids, the white silk of the skin.
She was always possessed by the desire that the light
should pierce her flesh and reach right inside her

heart, as though the whole of her were a Chinese lantern made of fine paper. With the passing years, however, she came to understand that at the heart of the rose it is always night.

13

They weighed the body a few minutes before death. They weighed the same body a few minutes after death. A simple mathematical subtraction was to tell them the weight of the soul. I think of that, now, while I hold the new book in my hands, the words still sticky like a newly-hatched fledgling. And I wonder whether, once it is read, it will also weigh less. Like a body when it loses the soul.

24

You strip water with your hands, and thirst appears. You strip thirst with your mouth, and the question appears. You try to follow, you try to unfasten reality button by button, to take off every bit of clothing until you stroke the slow delight of actual flesh. Who has interposed so many veils in this dance? Whatever you do, your hands will meet clothing, too much clothing, so much clothing you'll never be able to find out what each thing is beyond the tired meaning in the dictionary.

39

Inertia is a strange property of matter. When you leave, for example, the air conserves the warmth of your body for a while, just as sand holds all night long the sad tepidness of the sun. When you leave, to stay with the same example, my hands persist in the caress, though there is no longer skin to fondle but only the carcass of memory decomposing in the stairwell. When you leave, there remains behind an invisible *you*, adhering to the smallest things: a hair on the pillowcase, perhaps, a gaze entwined with the beams of desire, a small crust of saliva in the commissures of the couch, a molecule of tenderness on the floor of the shower. It is not difficult to find you: love is my magnifying glass.

47

With the metal tweezers of the mind, we attempted to lift the colour of matter, like one who lifts the gelatinous membrane covering the organs. We attempted afterwards to extract the heat from every grain of sand—the patience of the one-to-one—until we obtained a domestic universe. To isolate pronoun from verb, until we are left with the hard bone of the infinitive. To isolate the bubble from the soap, until we are left with only the beauty of the sphere that floats away. To isolate pain from pain, until we are left with pain alone.

58

Happiness is like a monosyllable. Because of its structural simplicity. And also because of the brevity with which it visits our mouths.

Translator's Note:
All translations by Anna Crowe except no. 39, which was translated by Julie Wark.

El sentit del creixement

Flors
i barrets
i ungles
i portes

creixen enfora.

Si mai creixen endins
és perforant
el túnel terrós
del dolor.

Un dolor que coneixen
coves
i arrels
i orelles
i dones,

que han après a créixer
endins.

生長的方向

花
和帽子
和指甲
和門

向外長。

如向內長
就是打通
泥土隧道
的痛楚。

這種被洞穴
熟知的痛楚，
還有根
耳朵
和女人，

因為它們學了如何
向內長。

(Jesús Sayols   譯)

The Sense of Growth

Flowers
and hats
and fingernails
and doors

grow outwards.

If they ever grow inwards
it is by boring through
the earthy tunnel
of pain.

A pain that's known
to caves
and roots
and ears
and women

who have learned to grow
inwards.

(Translated by Anna Crowe)

La llista

Algunes matinades
ens criden pel nom
en veu molt baixa,

a la impensada ens desvetllen d'un son
per submergir-nos en un altre son
encara més incomprensible
i equívoc.

Endormiscats i descalços fem cua
sota la secreció lacrimal
dels fluorescents,
mentre esperem
que un dia o un altre ens donin permís
per despertar.

L'última vegada que la vaig veure
li repetien que li faltava un paper
(copets insistents de l'índex
sobre la fòrmica pelada del taulell),

un paper,

només un paper,
i ja no et despertes.

單子

有些早晨
他們低低地叫
我們的名字，

突然他們從一個夢想中叫醒我們，
把我們跳進另一個夢想裏，
這另一個夢想更難以理解
更不靠譜。

我們茫然赤足地排隊
在淚液分泌
熒光下，
等待著
有一天他們讓我們
醒來。

我上一次看到她，
他們不停地說她還需要一份文件
　（用食指不斷地敲打
櫃檯的破舊層壓板），

一份文件，

只需一份文件，
而你沒有醒來。

(Jesús Sayols　譯)

The List

Some mornings
they call us by name
in a very low voice,

randomly they wake us from one sleep
to plunge us into another sleep
even more incomprehensible
and ambiguous.

Dozing and barefoot we queue up
beneath the teary secretion
of the strip-lights,
while we wait
to be given permission some day or other
to wake up.

The last time I saw her
they kept saying she was missing a sheet of paper
(insistent taps of the forefinger
on the counter's bare formica),

a sheet of paper,

just one sheet,
and you never wake up.

(Translated by Anna Crowe)

Postguerra

El venerable Agató va viure tres anys
amb una pedra a la boca
per tal d'aprendre a guardar silenci.

L'àvia no va haver de viure tres anys
amb una pedra a la boca
per tal d'aprendre a guardar silenci.

戰後

古老聖阿伽頌在嘴裏含了三年[1]
時間的一塊石頭
是用來學習怎麼保持緘默的。

老奶奶在嘴裏含了三年
時間的一塊石頭
並不是用來學習怎麼保持緘默的。

(*Jesús Sayols*　譯)

譯註:
1.　詩中的「三年」，即1936至1939年的西班牙內戰。

Postwar

The venerable Agathon lived for three years
with a stone in his mouth
in order to learn to keep quiet.

My grandmother did not have to live for three years
with a stone in her mouth
in order to learn to keep quiet.

(Translated by Anna Crowe)

Desaparegut

Ni tan sols el diccionari
estava preparat
per dir una situació com aquella
(ja passa que de vegades
la brutalitat s'avança
a la paraula)

Vídua
dona que ha perdut el seu cònjuge per mort
i no s'ha tornat a casar

I com dir-ne
de qui cada vespre   es fica al llit
                    per quaranta anys
amb l'esperança de sentir
els breus trucs a la porta
l'arribada d'alguna certesa
que li permeti a la fi
col·locar la pedreta
en la casella de la vida

o en la casella de la mort
(perquè entre la vida i la mort
no s'hi valen caselles intermèdies)

La vídua incòmoda de tots els diccionaris
cada matí es vesteix sense saber
                    si el negre és el color

失蹤

甚至詞典都不
知道怎麼
解釋這種情況
　　　（其實有時候
　　　　野蠻超過
　　　　詞語）

寡婦：
　　　死了丈夫的婦人，
　　　她沒再結婚

那麼，如何解釋
某人每天晚上　　　　　　上床
　　　　　　四十年來
都希望能聽到
砰砰的敲門聲
有確定的事
讓她終於
把小石頭放在
標著「生」

或「死」的分信箱
　　　　（因為在生與死的中間
　　　　沒有中途站）

寡婦讓所有字典都很難受
每天早上她穿衣服時，都不知道
穿黑色是否合適

(*Jesús Sayols* 譯)

Disappeared

Not even the dictionary
was ready
to describe a situation like that one
        (these days it sometimes happens
        that brutality overtakes
        language)

Widow

        woman who has lost her spouse through death
        and has not remarried

And how to describe
one who every night   gets into bed
              for forty years
with the hope of hearing
the quick rat-a-tat on the door
the arrival of some certainty
that may allow her at last
to place the pebble
in the pigeon-hole marked Life

or in the pigeon-hole marked Death

        (for between life and death

        there are no halfway pigeon-holes that count)

The inconvenient widow of every dictionary
gets dressed each morning without knowing
whether black is the colour

(Translated by Anna Crowe)

詹瑪・歌爾伽，1968 年出生於巴塞隆納，在巴塞隆納大學取得文獻學博士學位，現於該校任教古典文學課程。歌爾伽出版過六本詩集，包括《鳥類學》(1997)、《手的障礙》(2003)、《光學儀器》(2005)、《書頁時刻》(2006)、《隔膜》(2013) 和《牆》(2015)，另有合著非虛構類書籍《自然廚房裏：飯桌上的健康、傳統與快樂》(2004)。歌爾伽在印度新德里梵文基金會任駐留詩人三個月後，陸續在翻譯印度當代英文詩歌，現已出版狄麗普・切特熱的詩集《邁向死亡的二十次早餐》(2013)。歌爾伽詩作的英譯被收錄於《加泰隆尼亞詩人六家》(弧形出版社，2013)。

Gemma Gorga, born in Barcelona in 1968, has a Ph.D. in Philology from the University of Barcelona, where she works as a teacher of Ancient Literature. She has published six collections of poetry: *Ocellania* (*Birdology*, 1997), *El desordre de les mans* (*Disorder of the Hands*, 2003), *Instruments òptics* (*Optical Instruments*, 2005), *Llibre dels minuts* (*Book of Minutes*, 2006), *Diafragma* (*Diaphragm*, 2013, with the photographer Joan Ramell) and *Mur* (*Wall*, 2015). Among her non-fiction works, she has published *Within the Natural Kitchen: Health, Tradition and Pleasure at the Table* (2004, with Antonio Lozano). Following a three-month residence with the Sanskriti Foundation in New Delhi, she translated the work of contemporary anglophone Indian poet Dilip Chitre *Vint esmorzars cap a la mort* (*Twenty Breakfasts Towards Death*, 2013). A selection of Gorga's poems has been included in Pere Ballart's anthology *Six Catalan Poets*, published by Arc Publications in 2013.

出版 Publisher
香港中文大學出版社 The Chinese University Press

封面影像 Cover Image
北島 Bei Dao

出版日期 Date of Publication
二零一五年十一月 November 2015

國際書號 ISBN
978- 962- 996- 725- 3

香港國際詩歌之夜 2015 International Poetry Nights in Hong Kong 2015
主辦單位 Organizer
香港中文大學文學院 Faculty of Arts, The Chinese University of Hong Kong

協辦單位 Co-organizers
香港中文大學中國文化研究所
Institute of Chinese Studies, The Chinese University of Hong Kong
香港中文大學出版社 The Chinese University Press
香港兆基創意書院 HKICC Lee Shau Kee School of Creativity
廣州時刻文化傳播有限公司 Moment Communications

贊助 Sponsors
香港法國文化協會 Alliance Française de Hong Kong
上海廿一文化發展有限公司 Shanghai 21 Culture Promotion Co., Ltd.
中國會 The China Club
香港文學出版社有限公司 The Hong Kong Literary Press Co. Limited
斑馬谷文化發展（北京）有限公司 Zebra Valley Culture Development

Printed in Hong Kong